Qhia Kuv Txog koj KEV TSHAJLIJ!

Kho los ntawm Sarah How, Psy. S.
Edited by Sally A. Baas, Ed.D., Program Director
Nao Thao, M.A. Translator

Qhia Kuv Txog koj
KEV TSHAJ LIJ!

No part of this publication may be reproduced in whole or in part, or stored in a retrieval system or transmitted in any form or by any means, electronic, mechanical, photocopying, recording or otherwise, without written permission by the publisher. For information regarding permission, email Sarah How at opendoorfargo@gmail.com.

ISBN 978-0-9893405-4-0

Copyright © 2022 Sarah How
All Rights Reserved

Publisher: How 2 Creative Services, 17550 200th Street, Audubon, MN 56511

Layout and design: Copyright © 2022, How 2 Creative Services of Audubon, Minnesota

Heart art on front cover provided by Justin How and used with permission.

Original photographs provided by HCLP Filmmaking Crew led by Mina Blyly-Strauss and used with permission. Several photographs used were from ¡Cuéntame Sobre Tu Grandeza: Spanish Edition!

Author photograph by Justin How Productions of Audubon, Minnesota

The majority of children included in the photographs were from Hmong Culture and Language Program at Concordia University. St. Paul, Minnesota. Children were photographed with parent permission.

Kev yuav siv phau ntawv no kom muaj nuj nqis.

Los ntawm Sarah How

Raws li ib tug neeg laus, peb muaj lub hwj tsam los siv cov lus thiab ntaus thawj hlo xam pom thiab txaus siab rau yam uas yog nyob rau ntawm ib tug me nyuam. Peb muaj ib lub nru lus qhia tau tias peb yog leej twg yog thaum muaj ib tug neeg hais lus rau peb, lo phem los yog lo zoo. Peb txhua tus muaj lub hwj tsam los xaiv peb lo lus muag siab los qhua txog tus yam ntxws uas peb tau pom los ntawm lwm tus neeg. Kuj yog txoj kev zoo heev uas kuv txais taug tam li ib tug school psychologist thiab ib leej niam, tau pib pom thiab siv cov lus muaj kuab rau cov me nyuam kuv tau ntsib thiab txhua hnub nyob ntawm kuv lub Laug hauj lwm. Kuv txaus siab heev rau yam kuv tau paub los ntawm Nurtured Heart Approach ®, uas tsim los ntawm Howard Glasser. Nws kuj yog ib qhov yeej koob zoo uas txaus hloov, tiam sis tsuas yog ib qho kev xwb.

Koj siv tau phau ntawv no los ua lub ncauj ke rau koj pib tham txog ntawm coj tus xeeb ceem zoo. Yog tias koj yog xib hwb, koj kuj sis siv tau ua ib txoj kev qhia, siv phau ntawv no los ua txoj kev taug los ntawm qhov koj pom nyob rau kev hais lus kom nws rais mus ciaj sia. Kev cob qhia kuj yuav pab tau me nyuam lub tswv yim tshwj xeeb no nthuav mus rau txhua leej, es tsis yog tus puav xwb. Raws li koj qhia ib nploog zuj zus, koj yuav cawm tau kev sib txuas lus uas yuav tawg paj txi txiv mus rau ntawm cov me yes txoj kev pom thiab paub txog kev yuav tswj lawv tus xeeb ceem mus rau qhov zoo. Yog tias me nyuam pom qhov zoo ntau dua qhov phem, lawv yuav pib siv nws lub ncauj lo lus muag tawm ntawm lawv tus kheej tuaj mus rau lwm tus. Qhov no kuv yuav pab txhawb lub chav kawm ntawv mus rau kev kaj. Koj kuj siv qhov kev cob qhia txog ntawm ncauj lus muag no nyob rau thaum tav su thiab cov me nyuam twb yuav los mus tsev kom seb lawv puas tig rov mus pom tej yam zoo lawv ua tau nyob rau hnub ntawv.

I xav kom koj yuav tsum siv phau ntawv no thiab koj li peev xwm xam pom yam zoo ntawm ib tus me nyuam. Chav kawm thiab tsev kawm yog ib qhov chaw zoo heev rau txoj kev kawm. Tsim qhov kev zoo no rau hauv koj chav los yog hauv tsev kom meej pem los pab cov me nyuam loj hlob paub tab nrog rau kev thoob tsib muaj laj lim plab plaw zoo. Thiab kuv kuj xav hnov los ntawm koj seb koj ho siv phau ntawv no li cas.

Nod yog tswv yim los hauv phau ntawv los thiab los pab cov niam txiv Hmoob thiab lawv tsev neeg.....

Xws ib tug neeg txhais phau ntawv txhim kho lub sam xeeb nyob hauv ib cuab neeg me nyuam, peb xav qhia rau suav daws paub tias phau ntawv ntawv no yog muaj ib cov tswv yim tshiab los pab txhawb tus xeeb ceem mus txoj zoo.

Nram qab no yog tswv yim los ntawm phau ntawv, pab cuam los ntawm Hmong Culture and Language Program at Concordia University, St. Paul.

- Nyeem phau ntawv kom thoob thiab xav txog cov tswv yim tshiab los pab txhawb koj tus me nyuam cov lus thiab tus cwj pwm uas yog xav kom nws khaws coj mus.
- Nco ntsoos tsom hwm, thiab qhia rau koj tus me nyuam ncaj nraim yam uas koj pom nws qhov zoo los ntawm qhov nws coj (Piv txwv: "Kuv pom kuj pab kho khau rau koj tus kwv rau. Qhov no qhia rau kuv tias koj hlub koj tsev neeg. Nws ua rau kuv txaus siab rau koj txoj kev zoo.")
- Siv cov lus los qhuas koj tus me nyuam: (Energetic-Mob siab, kind-siab zoo, respectful-muaj kev hwm lwm leej lwm tus, or helpful-txawj pab).
- Qhuas txog tus yam ntxwv zoo uas koj txaus siab nyob rau hauv koj tsev neeg.

Lub Zog Zoo

Lub zog zoo kuv siv yog kuv li qhov muag los pom thiab kuv li lo lus hais txog qhov yog ntawm kuv thiab yam kuv ua.

Kuv muaj lub Zog ZOO PUV NKAUS!

Siab Dav

Lub zog kuv siv yog. Kuv qhib kuv txoj kev zoo los saib xyuas txhua leej, tsis hais lawv li nqaij tawv, qhov muag txawv, lub cev loj los me, hom khaub ncaws lawv hnav los sis hom lus lawv hais.

Kuv muaj lub SIAB DAV!

Tij Lim

Lub zog zoo kuv siv yog kuv li qhov muag los pom thiab nthuav kuv lub tswv yim rau kev kawm hauv tsev kawm ntawv.

Kuv TIJ LIM!

Nquag

Lub zog zoo kuv siv yog kev noj qab nyob nyab xeeb, khiav, nce, dhia thiab ua viav vias ntawm chaw ua si.

Kuv nquag!

Ua kheej

Lub zog zoo kuv siv yog ua kuv li hauj lwm thiab ua kom tiav kuv ib leeg kheej

Kuv ua tau kheej!

Nyiam Zoo

Lub zog zoo kuv siv yog ua yam zoo pab rau tus loj tus me thiab ua tus qauv zoo rau lawv kawm.

Kuv NYIAM ZOO!

Siab Zoo

Lub zog zoo kuv siv yog muaj kev ncaj ncees rau txhua leej.

Kuv SIAB ZOO!

Tshwj Xeeb

Lub zog zoo kuv siv yog paub txog kuv tus kheej tias kuv tib leeg thiaj txaus siab rau qhov kuv zoo uas kuv ua tau.

Kuv TSHWJ XEEB!

Kheev Pab

Lub zog zoo kuv siv yog ua txoj hauj lwm los pab kuv tu qhov txhia chaw nrog rau kev ua noj ua haus.

Kuv KHEEV PAB!

Txaus Siab

Lub zog zoo kuv siv yog muab lub ntsej muag luag ntxhi thiab txoj kev zoo siab nyob hauv kuv lub siab rau txhua leej.

Kuv TXAUS SIAB!

Noj Qab Nyob Nyab Xeeb

Lub zog zoo kuv siv yog noj zaub mov kom zoo thiab ua kom kuv lub cev muag thiaj tsis muaj mob.

Kuv NOJ QAB NYOB NYAB XEEB!

Koom Tes

Lub zog zoo kuv siv yog ua si, qiv thiab zam kev rau kuv cov phooj ywg.

Kuv KOOM TES!

Chiv

Lub zog zoo kuv muaj yog kos duab,
pleev kob thiab chiv tej yam tshiab.

Kuv TXAWJ CHIV!

Siab Ntev

Lub zog zoo kuv muaj yog xav kom meej ua ntej thiab tos kom txog kuv zeeg rau xib hwb huv kuv.

Kuv ua tau siab ntev!

Siab maj

Kuv lub zog zoo kuv muaj yog pib tam sis kom tiav.

Kuv muaj KEV SIAB MAJ!

Twj Lij

Lub zog zoo kuv muaj yog tsis tso tseg yooj yim, tab txawm nws nyuaj.

Kuv muaj kev twj lij!

Kev Xav

Lub zog zoo kuv muaj yog npau suav txog yam yuav tsim dua tshiab leej twg yog tus nyob hauv npau suav

Kuv Li Kev Xav!

Tswj Tus Kheej

Lub zog zoo kuv muaj yog tswj kuv tus kheej mloog xib fwb qhiav thiab mus kev ua ib kab yog thaum taug kev.

Kuv TSWJ KUV TUS KHEEJ!

Tub Kawm

Lub zog zoo kuv muaj yog siv kuv ob lub qhov muag los saib thiab ob lub pob ntseg los mloog.

Kuv yog tub kawm!

Lub Zog Zoo

Peb twb tau nthuav rau nej txog ntawm peb lub zog zoo, zoo li cas lawm. Zeeg no yog koj zeeg los nthuav txog koj lub zog zoo kom ci ntsa.

Nej puav LEEj MUAJ QHOV ZOO!

Txhua hnub

yog lub zoo fwj tsam thiab hwm txog qhov yog ntawm cov me nyuam. Hauv tsev kawm yog ib qho chaw zoo los qhuas txog tus xeeb ceem cov me nyuam xyaum tau, xws li ua siab dawb, siab ntev, npaj thiab xyaum. Phau ntawv no yog tsim los qhia me nyuam siv lawv tus nru lus thaum lawv pom qhov yog ntawm tus kheej thiab lwm tus. Rau cov cob qhia tias ntu no yog ib qho "Tsis muaj nyob rau hauv kev qhia" uas xib fwb thau tsis tau saum txee los, tab sis yuav tsum tham thiab muaj pom txhua hnub rau hauv tsev kawm. Me nyuam kawm paub thau tau lub zog zoo hauv lawv tus kheej los siv uas yog qhov tseeb ntawm lawv tus xeeb ceem. Txhua feeb muaj pab, thiab txhua lub caij nco ntsoov qhov zoo los pab txhawb lawv lub zog zoo tawm sab hauv nruab nrog tuaj. Hnub no yog hnub

Qhia txog tus sau

Sarah How nyob rau Audubon, MN nrog nws tus txiv thiab plaub tug me nyuam. Lawv tsev neeg muaj ob tug me nyuam sau. Sarah kawm tias los ntawm lub tsev kawm ntawv qib siab Minnesota State University Moorhead nrog rau nws daim ntawv pov thawj School Psychology. Tau news nkaum plaub lub xyoos dhau los, nws ib tug Nationally Certified School Psychologist nyob rau ntau lub tsev kawm ntawv thoob plaws rau lub xeev North Dakota thiab Minnesota. Nws kuj tau txais kev lees paub los yog Certified Nurtured Heat Approach™ Special-ist pab rau fab hais lus, cob qhia thiab ntaus tswv yim nyob rau The Nurtured Heart Approach®.

Ntawv rau tus kheej

"Qhia kuv txog koj lub zog zoo!" ua li cov lus kuv siv tham nrog wb plaub tug me nyuam tom qab txog tsev thiab ntsig nug txog yam lawv ua tau yog nyob rau tom tsev kawm. Xub thawj mas txawv kawg, tsis ntev xwb nws cia li yog cov lus peb siv txhua hnub mus rau yam zoo. Tag nrho cov no yog peb tsev neeg siv los txhawb The Nurtured Heart Approach™. Zoo heev li ua qhov kev zoo no tsis yog siv rau hauv tsev xwb. Vim yog ib tug practicing school psychologist, kuv pom tias qhov tshwm sim uas muaj zog yog cob qhia me nyuam thiab cov xib fwb kom npaj lub ntsiab ntawm kev sib raug zoo uas sib tham txhua hnub – deev siab ntsws.

The Nurtured Heart Approach™ yog tsim los ntawm Howard Glasser.

Dedication

This book is dedicated to 19 years of the Hmong Culture and Language Program. We have been privileged to watch many youth transition from camper to young leader, teacher, and later become a parent bringing their child to camp. Many have become co-workers or leaders in the community.

Dr. Sally A. Baas, Ed.D., Program Director

Nao Thao, M.A. Translator
Sally A. Baas, Ed.D
Program Director

A message from Ms. Nao and Dr. Sally

Ms. Nao: As a young adult who had no educational background before coming to the United States, it is my pleasure to be part of the education field and able to reach out to thousands of young educators and future leaders.

Dr. Sally: Life is filled with many blessings, and opportunities to enrich the lives of students of all ages. I have been honored to develop and direct the Hmong Culture and Language Program with the Hmong community leaders to enable Hmong students to learn to read, write and speak in their heritage language, and deepen their cultural knowledge.

Lub Zog Zoo   Siab Da...

Siab Zoo   Nquag

Tshwj Xeeb   KEV TS...

NOJ QAB NYOB NYAB XEEB

Siab Ntev

Koom Tes   Chiv

Tij Lim

Nyiam Zoo

Ua kheej

Kheev Pab

Txaus Siab

HAJ LIJ!

Twj Lij

Kev Xav

Siab maj

Tswj Tus Kheej

www.ingramcontent.com/pod-product-compliance
Lightning Source LLC
Chambersburg PA
CBHW041541040426
42446CB00002B/192